MAGALHÃES LIMA

Le Portugal Républicain

Conférence faite, dans les salons du Café du GLOBE, à Paris, le 8 Octobre 1910

PARIS

Association Internationale de Conférences

Siège Social, 16, rue Beaurepaire

1910.

Le

Portugal Républicain

Le Portugal d'Aujourd'hui et le Portugal de Demain.

La décadence de la Monarchie. — Ses causes. — Ses conséquences. — Symptômes de vitalité. — La Dictature est toujours debout. — Lois d'exception. — Les associations secrètes. — Le seul objectif des monarchistes est de sauver le trône.

Mesdames, Messieurs,

De même qu'on ne doit pas confondre la France de Napoléon et de Louis Philippe avec la France de Lamartine et de Gambetta; de même qu'on ne doit pas confondre l'Espagne de Philippe II et de Charles Quint avec l'Espagne de Cervantes et de Castelar; de même qu'on ne doit pas confondre la Russie de Trépoff avec la Russie de Tolstoï, la Turquie d'Abdul-Hamid avec la Turquie d'Ahmed Riza, l'Allemagne de Bismark avec l'Allemagne de Karl Marx, l'Angleterre d'Edouard III avec l'Angleterre d'Edouard VII, l'Italie papale avec l'Italie de Mazzini et de Garibaldi; de même ce serait une erreur grave de confondre le Portugal réactionnaire, vaticaniste, clérical, avec le Portugal moderne, républicain, socialiste et libre-penseur.

C'est de ce Portugal nouveau, où palpite le cœur d'une jeunesse ardente et enthousiaste, que je me propose de vous parler aujourd'hui dans cette conférence.

⁂

Lord Salisbury a dit que les petits pays étaient destinés à disparaître. Les derniers événements politiques se sont chargés de prouver le contraire. D'autre part, le Portugal dont les colonies sont très étendues, et dont l'ensemble couvre une superficie vingt fois supérieure à celle de la métropole, n'est pas seulement, comme certains ont voulu le prétendre, une « expression géographique ». Le Portugal, Messieurs, est un grand pays, si j'ose dire. Sa tradition historique est une des plus belles, et l'on n'efface pas ainsi, d'un seul trait, un aussi glorieux passé! Camoëns, l'Homère portugais, en a chanté l'histoire dans ses immortelles *Lusiades*. Et vous savez tous qu'à une époque déjà reculée, il est vrai, de célèbres navigateurs, tels que Vasco de Gama qui, le premier, découvrit la route des Indes, ont sillonné les mers, portant ainsi la civilisation vers les plages les plus lointaines, vers les mondes les plus inconnus. Le Portugal dont les côtes d'or sont baignées par la Mer Atlantique est beau encore par l'azur de son firmament, par sa lumière divine et éblouissante, comme celle du soleil d'Orient, par l'éclat de ses étoiles, par son Tage lent et majestueux, par la richesse de son sol, par tous ses paysages, enfin, admirables et uniques, qui en ont fait, suivant le mot de Lord Byron « l'Eden du Monde ».

Vous connaissiez ce vieux Portugal dont la renommée est universelle ; mais ce que vous ignorez c'est le jeune Portugal, le Portugal des écoles, des ateliers, de la glèbe, et, pour tout dire enfin, le Portugal de l'Avenir, le Portugal de la Révolution.

Contrairement à ce que peuvent croire les pessimistes, le Portugal n'est pas un pays en décadence ; les symptômes de vitalité n'y manquent pas : c'est un pays qui se transforme, un pays qui se renouvelle, grâce à la poussée démocratique qui l'a envahi et qui le fera rentrer définitivement dans le mouvement général de la civilisation moderne.

*
*

Pour bien vous faire comprendre, Messieurs, ce qu'est le Portugal d'aujourd'hui, il m'est indispensable de me reporter à une date de l'Histoire.

Dans la décadence de l'Empire Romain, les hétaïres dictaient les lois et dominaient l'esprit des gouvernants. La dissolution était arrivée à tel point, par suite de la prostitution et du vol, qu'aucune force ne put empêcher la chute du peuple le plus colossal de l'univers. Rome tomba et se désagrégea par le relâchement graduel des liens sociaux, de même qu'elle s'était élevée et qu'elle avait grandi par ses vertus, par l'héroïsme de son esprit civilisateur et cosmopolite.

On pourrait citer beaucoup d'autres nations qui, à l'instar de Rome ne purent échapper au courant impétueux de l'immoralité qui les détruisit. Mais un exemple suffit pour vous faire comprendre que les peuples, si puissants qu'ils soient, ne résistent pas au flôt de la corruption qui les couvre d'un immense linceul et qui doit les ensevelir dans l'océan profond de l'oubli, dans le tourbillon où toute vie s'éteint et disparaît. Et, malgré les paroles élogieuses que je prononçais tout à l'heure à l'égard de mon pays, je ne puis m'empêcher de constater, qu'à l'heure actuelle, il présente une certaine analogie avec la Rome que je viens de décrire.

Rappelez-vous les derniers scandales qui sont tombés sur le pays comme une avalanche terrible : cette affaire Hinton dans laquelle a été gravement compromis un officier de la marine royale ; le vol audacieux commis à la Compagnie du Crédit Foncier et dont le principal coupable est un ancien chef de parti, conseiller privé du Roi Don Manuel ; rappelez-vous les fraudes commises en matière de droits de Douanes par l'ingénieur en chef de l'Arsenal : tous ces scandales sont autant de symptômes bien caractéristiques, révélateurs de la pourriture qui ronge notre organisme social, traînant notre pays dans la boue et dans la déconsidération, le menaçant, enfin, d'une mort ignominieuse, si tous ceux qui aiment véritablement la patrie n'y apportent un prompt et radical remède.

La Presse réactionnaire, il est vrai, a invoqué pour excuser les coupables, les derniers scandales qui se sont passés en France ; mais elle a oublié que, dans ce grand pays républicain, les criminels sont toujours sévèrement punis. Que nous importe la haute situation politique ou financière du coupable ? Il doit être châtié pour ses malversations. L'impunité pousse au crime.

De tels procédés, en effet, seraient un signe indiscutable d'abdication de toute pudeur, de tout respect personnel. Nous avons un dernier effort à tenter en faveur de la morale outragée, des lois foulées aux pieds, de la dignité offensée. Une œuvre d'assainissement s'impose enfin dans tous les esprits. Et, puisqu'il n'y a pas dans les hautes sphères gouvernementales quelqu'un capable de faire son devoir, c'est le peuple qui se chargera de l'accomplir vaillamment et implacablement. De la pensée à l'acte il n'y a qu'un pas.

**

« Plus ça change, plus c'est la même chose », disent les Français. A mesure que les gouvernements monarchiques se succèdent au pouvoir, plus on acquiert la certitude qu'ils ne sont qu'une seule et même chose. En Portugal, il n'y a ni gouvernements libéraux, ni gouvernements conservateurs : il n'y a que des gouvernements de palais et de cour ; des gens qui veulent se sauver, en sauvant, en même temps leur patron, maître et seigneur. Tout l'objectif de la politique portugaise se résume en une chose : préserver la Couronne de l'inévitable naufrage. Mais tout sera vain et inutile, je le dis hautement, sans crainte d'être contredit par les faits.

Après l'attentat contre le roi Carlos, il semblait que les dirigeants portugais dussent se décider à avoir un peu de bon sens. Bien des gens s'imaginèrent, en effet, que cette terrible leçon ne serait pas perdue. Or il n'en a rien été. Les prodigalités pour des clientèles voraces ont continué, comme par le passé. Les scandales des « Avances » à la liste civile, — affaire encore en suspens devant les Chambres, — ont été aggravés par des nouveaux scandales non moins graves.

On nous accuse parfois d'exagération, lorsque nous mettons le Portugal au même rang que la Russie. Ce ne sont pas les Portugais, jaloux de leur honneur, que nous plaçons auprès de la Russie ; ce sont leurs gouvernements criminels, leurs administrateurs frauduleux, leurs dirigeants convaincus de lèse-nation. Le Portugal, proprement dit, a droit à la considération du monde entier, grâce à sa population honnête et laborieuse.

Pour montrer à l'étranger ce qu'est le Portugal officiel, le Portugal gouvernemental, pour donner, en un mot, une idée de son immoralité, de son incohérence en matière politique, il suffit de dire que les lois dictatoriales du temps de João Franco restent encore en vigueur et que les « Franquistes » qui avaient tant prêché la guerre sainte contre les « partis rotatifs » se sont définitivement ralliés à ceux là mêmes qu'ils accablaient jadis de leurs foudres.

C'est ainsi que M. França Borgès, le vaillant directeur du grand organe républicain « *O Mundo,* » a dû s'exiler en Espagne ; que M. Chacon Siciliani, rédacteur de la *« Voz da Officina, »* qui avait été condamné, lui-même, à vingt-deux mois de prison pour de prétendues offenses à la religion, a dû, à son tour, prendre le chemin de l'exil ; que bien d'autres encore, inquiétés pour leurs idées politiques, ont été obligés d'aller chercher à l'étranger l'hospitalité que leur refuse la « Mère-patrie ». Ne se croirait-on pas en plein moyen âge quand un juge d'instruction, à la tête d'un véritable tribunal inquisitorial, *le plus grand crime du régime*, selon la phrase d'un avocat très distingué, M. Jose de Castro, pratique des actes arbitraires, fait emprisonner à son gré en multipliant le nombre de ses victimes !

Quand la loi sur la presse, que l'on peut qualifier de loi scélérate, fut discutée au Parlement, les chefs des divers partis la repoussèrent tous avec la même véhémence, s'engageant à ne pas l'appliquer, s'ils arrivaient au pouvoir.

Néanmoins, les procès contre la presse continuent

comme si nous étions en pleine dictature. Ce fait prouverait, à lui seul, ce que valent les promesses des partis monarchiques, s'il était encore besoin de faire connaître leur manque absolu de sens moral et de probité politique.

En Portugal, les lois ne se rattachent ni aux questions d'ordre administratif ni à celles de défense sociale. Les lois, promulguées depuis quelques années, n'ont été faites que dans une intention haineuse de persécution acharnée et systématique contre les Républicains. Ce qui préoccupe les gouvernants, ce n'est pas le bien du pays ni la prospérité publique, mais c'est tout simplement la crainte que leurs inspirent les ennemis de la monarchie. La fameuse affaire des associations secrètes le prouve amplement. Jamais l'arbitraire des pouvoirs constitués n'a atteint chez nous de telles proportions. Ce que l'on veut, c'est flatter la réaction. Peu importe que le pays souffre et vive dans un état d'inquiétude qui paralyse son activité commerciale et entrave toute son énergie. Il faut avoir l'air d'être fort, de ne pas redouter l'adversaire et de faire croire que, au-dessus des protestations et des réclamations, il y a le sabre de la police et la cavalerie de la Garde.

Quand les gouvernements se voient perdus, ils ont généralement recours au bâillon. Mais l'histoire nous apprend que le résultat est contraire à ce que l'on en attend. Les résistances du pouvoir sont même nécessaires jusqu'à un certain point, car elles provoquent l'action révolutionnaire. Chez nous, le besoin ne s'en faisait cependant pas sentir, car les évènements parlent plus haut que toutes les lois « *scélérates et ignobles.* »

La torture ne fonctionne plus en Portugal, mais on y fomente la haine et le fanatisme le plus barbare contre les adversaires du régime actuel. L'Inquisition ne fonctionne plus, mais on tracasse, on provoque, on espionne et l'on dénonce l'ennemi. Le Saint-Office ne fonctionne plus, mais on l'a remplacé par le fameux juge spécial d'instruction criminelle, dont la seule raison d'être est le besoin de persécuter les Républicains. Les lois d'exception continuent, elles aussi, à fonctionner, lois que ne pourraient même pas tolérer les Cafres ou les Hottentots.

Sous prétexte de rechercher les sociétés secrètes, on a pratiqué toutes sortes de vilénies, ordonné des perquisitions à domicile, exercé des vengeances qui rappelent le temps de Torquemada, et gardé de nombreux individus sous les verroux, sans arrêt de mise en accusation ; on a pratiqué la pression la plus cruelle et la plus odieuse sur ceux qui n'ont pas répondu dans le sens qui convenait aux fins des sbirres ; on a enlevé à leur travail et réduit à la misère un grand nombre d'ouvriers ; on a insulté de malheureuses femmes sans défense, violenté la conscience de beaucoup d'innocents, ressuscitant, au xxᵉ siècle, les procédés du moyenageux ; on a, enfin, alarmé l'opinion publique en Portugal et à l'étranger, pour satisfaire les instincts les plus bas et les ambitions les plus inavouables.

L'invention des sociétés secrètes, ayant quelque vague apparence de relation avec le régicide, n'a été, au fond, qu'un prétexte pour paralyser l'action des Républicains et discréditer leurs institutions et leurs chefs les plus autorisés.

La monarchie, se sentant impuissante, faillie, haïe, déshonorée, sans hommes, sans idées, sans plans, craignant, d'autre part, d'avoir recours à la force, — ce qui pourrait lui coûter la vie, — emploie des moyens captieux et lâches pour répandre la terreur. Le cléricalisme pousse le Gouvernement à entrer franchement dans la voie de la répression. Or le Gouvernement n'obéit peut-être pas à tous les ordres de la bande noire, mais, néanmoins, profite de ses avis, car il sait que l'autel est, actuellement, l'unique soutien du trône.

Il n'y a aucune différence entre les partis, lorsqu'ils arrivent au pouvoir. Les procédés sont les mêmes. On dit que les loups ne se mangent pas entre eux. Ce n'est pas le cas ici avec ces chefs de bande, qui se dévorent les uns les autres et entre qui existe une jalousie féroce. Ainsi, il y a deux partis régénérateurs, deux partis progressistes et deux partis franquistes, entre lesquels on constate une division irrémédiable. En deux ans et demi, le Roi a dû recourir à six gouvernements. C'est l'impuissance la plus absolue qui se manifeste d'une façon indéniable.

En Portugal, les gouvernants vivent en marge de leur temps, restent étrangers à l'évolution sociale et mettent le pays en dehors du monde civilisé. Telle est la cause première et principale de notre discrédit. Alors que, en France, en Italie, en Espagne et même en Allemagne, se poursuit la glorieuse campagne en faveur de la liberté de conscience, alors que partout on oblige la Rome papale à se soumettre à la loi civile, les tribunaux portugais, eux, fonctionnent encore comme aux temps de la tyrannie la plus féroce.

II

Ce que sont les élections au Portugal.

Une loi ignoble. — Procédés inavouables. — Il n'y a pas d'élections. — Le civisme des Républicains. — Leur victoire est celle de la nation.

Dans notre pays, deux catégories d'électeurs ont le droit de vote: ceux qui savent lire et écrire; et ceux qui paient des impôts. Les gens mariés avaient le même droit sous l'ancienne loi.

Ne serait-on pas tenté de dire qu'ainsi c'est presque le suffrage universel?

Il n'en est rien cependant. Le suffrage, là-bas, est une pure fiction, une chimère. Il n'existe pas. Les gouvernements triomphent toujours. Il ne font pas des élections: ils les achètent.

Le régime actuel entretient, en effet, l'ignorance populaire, à son gré, et, si l'on peut dire, pour son profit. S'il y a encore tant d'illettrés au Portugal, la faute doit en être purement et simplement attribuée, comme nous l'avons maintes fois répété, aux gouvernements qui se sont succédé au pouvoir.

Et, cependant, l'initiative particulière se développe chaque jour davantage. Pris individuellement, les Portugais veulent marcher de l'avant, conquérir toutes les libertés, s'assimiler tous les progrès, vivre, en un mot, dans une communion spirituelle avec les civilisations avancées. Mais les gouvernements ont intérêt à arrêter cette marche. Et voilà comment, de ce divorce profond qui existe entre le peuple et le régime, est née une crise monarchique dont la réalité ne fait aucun doute et dont la solution qui prime, en ce moment, toutes les autres questions, s'impose à brève échéance.

Les élections au Portugal se font encore à l'église, comme au moyen-âge. A côté du président des assemblées électorales, prennent place le représentant de l'autorité civile et le curé. La force publique qui se tient dehors, à proximité, est toujours prête à accourir et à intervenir au premier appel du président.

L'acte électoral se passe donc dans la corruption et sous l'empire de l'intimidation. Il y a même des assemblées électorales qui n'arrivent pas à se constituer et dont on compte cependant les votes, comme si tout s'était régulièrement passé.

D'autre part, on oppose toutes sortes d'obstacles aux adversaires et aux ennemis des institutions monarchiques, pour leur inscription sur les registres électoraux. Les gouvernements ne reconnaissent, en effet, que leurs partisans. Ainsi, il n'y aurait qu'une seule catégorie de Portugais : celle des citoyens qui votent avec eux. Récemment, les tribunaux, favorisant eux-mêmes le jeu de politiciens factieux ont refusé de rendre justice à deux mille électeurs qui, bien que possédant toutes les pièces légales, avaient été dépouillés de leurs droits civiques. La protestation de la presse indépendante n'a pu apporter aucun remède, le mal étant dans le système.

A une telle solidarité dans la corruption, il devient nécessaire d'opposer une solidarité plus puissante et plus avouable : celle des forces vives de la nation.

La loi électorale actuelle est considérée par tous les chefs de partis, comme une « *ignobil porcaria* », ce qui veut dire, mot à mot, *une ignoble cochonnerie*. Elle a été faite uniquement en vue de combattre les adversaires des gouvernements et les ennemis des institutions. Elle établit, de plus, une disproportion flagrante entre l'état de l'opinion et sa représentation parlémentaire. Et, pourtant, quoique combattue presque à l'unanimité, elle continue toujours à être appliquée.

La chose peut paraître extraordinaire, mais elle s'explique par une raison très simple. Les ministres portugais n'ont, en effet, qu'une seule préoccupation : défendre le trône coûte que coûte, comme nous l'avons déjà dit. Tous les groupes politiques, apparemment divisés, se rencontrent sur ce terrain, et il n'est, par conséquent, pas étonnant que, comme « larrons en foire », ils se fassent le jeu les uns des autres.

Au Portugal, sauf dans les grandes villes, il n'y a pas d'élections, au vrai sens du mot : il n'y a que des simulacres d'élections. Et, pour achever cette fraude, ce « truquage », la circonscription même de Lisbonne, ainsi que celle de Porto, a été étendue de manière à ce que les bourgs de la banlieue, plus faciles à corrompre, puissent arriver ainsi à neutraliser les votes indépendants du centre. De cette façon, un jour viendra où tout le pays ne constituera plus qu'une seule circónscription, et où le gouvernement sera le seul électeur.

Dans les colonies, les élections ont une tournure encore plus expéditive : le ministre ordonne tout simplement au gouvernement de faire élire monsieur « un tel ».

Pour donner une idée de l'état dans lequel se trouve actuellement ce désarroi, pour bien faire ressortir jusqu'à quel point le cynisme et l'effronterie régnent en maîtres, il me suffira de citer quelques faits :

Un puissant électeur dont la personnalité est à soigner désire avoir, par exemple, une station de chemin de fer à proximité de ses propriétés : si la circonscription à laquelle il appartient accorde son vote au gouvernement, la chose lui est immédiatement accordée, sans la moindre difficulté, quels que soient les sacrifices à imposer au trésor public.

Autre exemple :

Un curé désire voir reconstruire son église : s'il s'engage à aller dans les vues du gouvernement et à voter dans le sens qui lui a été indiqué, on lui promet tout en dépit des dépenses, souvent énormes, que la chose peut entraîner. Toutefois, comme les gouvernants ne sont pas toujours gens à scrupules, il arrive parfois qu'ils oublient de tenir leurs promesses, et que le bon curé soit frustré.

Qu'un homme, tant soit peu influent veuille enfin se soustraire au paiement des impôts, il lui suffira (moyen bien facile) de voter pour le gouvernement. C'est, d'ailleurs, par ces procédés immoraux que certains individus en arrivent à avoir un retard de vingt, de trente et même de cinquante années, dans le paiement de leurs contributions. Et pourtant, si tous ces contribuables payaient ce qu'ils doivent au Trésor, combien cette somme serait suffisante pour équilibrer le budget !

Quelques épisodes sont également à signaler :

Dans une assemblée électorale du district de Béja, on fit, une fois, la petite opération que voici : les partisans du candidat X ou Z se faufilèrent parmi les électeurs, après s'être munis d'alènes de cordonnier, qu'ils tenaient cachées dans la main ou dans la manche de leurs habits. A mesure que le président procédait à l'appel nominal, si l'électeur appelé appartenait au parti adverse, les porteurs d'alènes le piquaient sournoisement. Il était rare que l'on résistât à la piqûre et que l'on osât aller jusqu'à l'urne. Cette élection est connue sous le nom *d'élection des alènes*.

L'obligeant ami à qui je dois ce récit me garantit aussi l'authenticité du fait suivant : Aux environs de Mertola, se trouve une commune que traverse le Guadiana et qu'il partage en deux quartiers ; l'un était favorable au Gouvernement, et l'autre, tout à fait hostile. Il fallait empêcher à tout prix ce dernier quartier de venir prendre part aux élections. On eut recours à un expédient : le médecin communal déclara sous serment qu'il s'était produit des cas de choléra dans le quartier hostile ; l'autorité prit des mesures immédiates, établit un cordon sanitaire et interdit le passage du fleuve. Le tour était joué.

Cette histoire doit être vraie et rappelle exactement un fait qui s'est passé à Porto, il y a quelques années. La peste y sévissait, précisément à l'époque des élections générales. Par mesure d'hygiène, les personnes qui sortaient de la ville devaient donner leur nom et indiquer le lieu de leur destination. Là, on les soumettait à une inspection médicale, et cela avec tant de rigueur, que l'on arrêta, un jour à Coimbra, un professeur de l'Université qui était sorti de Porto sans faire de déclaration. Les courtiers électoraux trouvèrent moyen d'utiliser les circonstances.

Trois ecclésiastiques habitaient le Nord du Portugal où ils disposaient d'une grande influence électorale ; les amis du gouvernement, inquiétés de cette influence et voulant la neutraliser, imaginèrent la supercherie suivante. Ils ordonnèrent quelques jours avant les élections, à trois individus préalablement rasés et tonsurés, de sortir de Porto, sous le nom des susdits ecclésiastiques. Les pseudo-curés, le jour venu, négligèrent, à bon escient, de se présenter à l'inspection médicale. Peu de temps après, le gouvernement faisait arrêter les trois véritables abbés pour infraction aux lois sanitaires, les empêchant ainsi de prendre part au feu de la lutte.

En Portugal, les élections, comme l'on voit, ne sont qu'une farce. Il y a des paroisses où le bureau ne se constitue même pas. Le parti au pouvoir est sûr de triompher. Les gouvernants ont recours à tous les expédients: promesses d'emplois, subornation, achat de voix, corruption, pression de la part des personnages influents etc., etc. Le spectacle d'une élection ne peut laisser aucune illusion à qui que ce soit, à l'égard de nos dirigeants et de leur état d'âme.

C'est pourquoi on peut affirmer que le dernier triomphe remporté par les Républicains est énorme, pour ne pas dire colossal. Jamais, cependant, le parti n'avait été plus combattu, par les groupes monarchiques coalisés, qu'au cours des dernières élections. Mais, aussi, jamais l'opinion publique n'eut l'occasion de se manifester d'une façon plus éclatante. Ce succès sans précédent, qui marque l'intervention décisive du peuple portugais dans l'administration publique, est trop caractéristique pour ne pas être souligné tout particulièrement.

Étant donnée l'hégémonie des principales villes de la province, il serait inutile de faire ainsi ressortir la signification de la victoire républicaine à Lisbonne, si une chose n'était digne de remarque: alors que le Portugal, qui compte environ six millions d'habitants, a cent cinquante-quatre députés, Lisbonne, qui comprend deux circonscriptions, en comptant celle de Setubal, représentant ainsi la sixième partie de la population totale du pays, n'a que dix-huit députés, nombre qui n'est pas, comme on le voit, en rapport avec la représentation parlementaire du reste de la nation. Lisbonne, à elle seule compte dix députés républicains, parmi lesquels se trouvent des professeurs d'une haute renommée scientifique, des avocats et des médecins célèbres, un vice-amiral, composant ainsi toute une élite intellectuelle.

De ces dix-huit députés, treize sont républicains; et, parmi les cinq autres composant la minorité, deux sont ministres, dont l'un à la Guerre, l'autre à la Justice.

L'ordre et la discipline qui n'ont cessé de régner dans les

différents meetings ont fait de cette campagne électorale une des plus belles, une des plus grandes que l'on puisse imaginer. Les républicains ont eu, là, l'occasion d'affirmer, une fois de plus, leur force invincible, en même temps qu'ils démontraient l'infériorité de leurs adversaires. Le meeting de Lisbonne, notamment, auquel assistaient près de soixante mille personnes, fut une manifestation civique inoubliable. Il marque surtout le désarroi le plus complet du parti monarchique, à qui le coup porté a été si violent, si profond, qu'un des principaux organes du gouvernement ne s'est pas dissimulé la gravité du moment en reconnaissant que les dernières élections ont marqué un pas sérieux en avant de l'institution republicaine.

Ainsi, les Républicains qui avaient sept députés à la Chambre ont, en trois ans, doublé leur représentation, malgré « la loi ignoble », malgré tous les bas expédients employés contre eux par les partis réactionnaires coalisés. On peut même dire que s'ils ne gouvernent pas encore de droit, ils gouvernent déjà en fait.

III

Le Portugal devant l'Etranger

L'isolement du pays. — Nécessité de faire connaître le Portugal à l'extérieur. — Les bons et les mauvais patriotes. — Le parti républicain et les puissances étrangères. — Interventions impossibles.

Maintenant, Messieurs, examinons si vous le voulez, la situation du Portugal devant l'Etranger et laissez moi vous faire part de quelques considérations qui me semblent à la fois opportunes et nécessaires.

Il y a quelques jours, chez un de mes plus anciens amis, j'ai eu l'occasion de rencontrer plusieurs notabilités brésiliennes. On m'interrogea sur la situation politique du Portugal. Un des convives fit observer, avec tristesse, que les journaux étrangers ne parlaient pas de ce pays.

Cette remarque est très juste. Les lecteurs de journaux français savent très bien ce qui se passe en Grèce, dans les États balkaniques, dans les républiques de l'Amérique du Sud. Par contre, ces journaux ne s'occupent pas du Portugal, car d'après leurs rédacteurs, cela n'en vaut pas la peine. Combien cela est regrettable !

Notre plus grand malheur, c'est que les peuples civilisés ignorent, en effet, notre existence. Ceux qui veulent nous être agréables supposent que nous sommes une province de l'Espagne. Mais l'immense majorité ne nous fait *même pas cet honneur !*

Cet isolement, — qui est une espèce de châtiment — a diverses causes : l'une d'elles, et non la moins importante, doit être attribuée à la diplomatie portugaise qui, loin de créer un mouvement de sympathie en faveur de notre pays, se maintient dans une réserve criminelle, laissant circuler sans protestation les insultes et les fausses appréciations à notre égard. Des centaines de faits, qu'il serait oiseux de rappeler ici, démontrent l'inutilité de notre diplomatie ; il est urgent de la transformer, pour le bon renom et pour le crédit du pays.

Ainsi s'expliquent l'ahurissement et l'indignation qu'ont éprouvés les courtisans du roi devant la révélation de la vérité faite à la presse étrangère par des Portugais vraiment patriotes.

Certaines gens ont qualifié d'*inconvenante* la mission de renseigner l'étranger sur ce qui s'est passé en Portugal, mission votée par le Congrès Républicain. Dénoncer la mauvaise gestion des gouvernants, ce n'est pas rabaisser le pays qui possède, d'ailleurs, toutes les conditions de réhabilitation morale et matérielle. C'est, au contraire, contribuer à son *risorgimento*. La nation, croyons-nous, n'est pas, en effet, le fief ou le majorat de nos politiciens. Et c'est là précisément où réside leur erreur.

La véritable diplomatie c'est la vérité, suivant le mot célèbre de Bismark.

Nous sommes habitué, depuis notre jeunesse, à dire tout haut ce que beaucoup de gens disent à voix basse. Ceux qui nous accusent font preuve de lâcheté, d'égoïsme et d'hypocrisie, en ne voulant pas reconnaître que la politique n'admet plus aujourd'hui les vieux procédés de Machiavel. Le secret des antichambres s'est transformé en discussion sur la place publique. Aujourd'hui, il n'y a plus qu'une seule politique : la politique du peuple, par le peuple et pour le peuple. Or le peuple voit les choses concrètement. Il ne comprend pas et ne saisit pas comment on peut avoir une opinion à l'usage interne et une autre à l'usage externe. Il déteste tout ce qui est mystère et tout ce qui est à deux faces. Il comprend, comme nous, qu'une seule chose peut sauver la nation compromise par les factions monarchiques, et que cette chose c'est la vérité. Il faut dire au pays et à l'étranger la vérité, toute la vérité. Une des causes de notre discrédit, c'est le mensonge dans lequel nous avons vécu. Le parti républicain, en votant la création d'une mission destinée à dire la vérité à l'étranger, s'est montré digne de la confiance publique ; l'honnêteté de ce procédé rachète un passé de honte et d'ignominie auquel il n'a, d'ailleurs, pas contribué.

Ce qui est donc urgent c'est de faire connaître, à l'étranger, le peuple portugais, sa vie, ses travaux, ses progrès, son courage, son énergie.

Ce qu'il est indispensable de faire savoir au monde c'est que la démocratie portugaise, par sa capacité morale et intellectuelle, est digne de se solidariser avec toutes les démocraties. La lutte engagée n'est pas seulement une lutte de partis. C'est un combat décisif entre les exploités et les exploiteurs, entre la loi et l'arbitraire, entre le droit et le privilège, entre la justice et l'abus, entre la morale et l'immoralité, entre les persécutés et les persécuteurs, entre les victimes et les criminels, entre ceux qui aiment leur patrie et ceux qui la trahissent vilement, en un mot, entre la mort et la vie.

On nous traite de mauvais patriotes, parce que nous disons la vérité à ceux qui nous interrogent sur la situation politique réelle du Portugal. Il semble donc que, d'après nos intelligents critiques, nous devrions avoir deux manières de juger. Toute la tactique de nos gouvernants a, d'ailleurs, consisté dans cette duplicité morale, dans cette basse hypocrisie. La distinction entre une morale personnelle et une morale politique est une monstruosité, une aberration inqualifiable. Un individu malhonnête dans sa vie privée ne saurait inspirer confiance au regard de sa vie publique.

L'ancien président des Etats-Unis, M. Roosevelt, proclamait encore cette vérité dans une de ses dernières conférences. Il s'agit donc d'une question de morale, et il n'y a qu'une seule morale, de même qu'il n'y a qu'une seule justice. En Portugal, comme à l'étranger, je n'ai qu'une opinion et je ne peux la modifier suivant telle ou telle convention. C'est l'expression pure et nette de ma conscience.

Les mauvais patriotes, ce sont les gens qui, à l'étranger, cherchent à relever le crédit de leur pays, à l'ennoblir, à le magnifier. Les mauvais patriotes, ce sont les gens qui, repoussant toute mystification, aiment mieux proclamer la vérité pure et simple que d'être accusés de tromperie et de supercherie. Les mauvais patriotes, ce sont les gens qui affrontent les injures et les provocations des pharisiens sans pudeur ni scrupule, et qui mettent les intérêts du pays au-dessus de tous les intérêts de famille, de parti et de collectivité. Les mauvais patriotes ce sont les gens qui, foulés aux pieds, écrasés par l'arbitraire devenu loi, protestent à haute voix, noblement, fièrement, contre les persécuteurs, transformés en bourreaux de ceux qui travaillent, qui produisent et qui souffrent. Les mauvais patriotes, enfin, ce sont les gens qui aiment la patrie et la vérité, qui se sacrifient pour elles sans autre récompense que la satisfaction de leur conscience.

Les bons patriotes, eux, ce sont les individus qui pillent le trésor public pour s'enrichir, ainsi que pour enrichir les leurs. Les bons patriotes, ce sont les individus dont les procédés administratifs ruinent et discréditent leur pays. Les bons patriotes, ce sont les individus qui, abusant du pouvoir, vivent dans une promiscuité répugnante avec les camarillas voraces et sacrifient à leur appetit famelique la foule anonyme des travailleurs. Les bons patriotes, ce sont les individus qui, payés par l'Etat, laissent dans le plus criminel abandon les intérêts les plus sacrés de la nation. Les bons patriotes, ce sont les diplomates, soi-disant représentants du pays à l'étranger, qui tolèrent, sans la moindre protestation, toutes les diffamations possibles contre le Portugal. Les bons patriotes, ce sont les individus qui usent de leur influence officielle pour mettre la main sur les sociétés les plus riches et qui les transforment en prébendes lucratives, sans s'occuper d'ailleurs des intérêts des actionnaires et des obligataires. Les bons patriotes, ce sont les individus qui compromettent l'honneur national dans des affaires de pur chantage.

Les bons patriotes, ce sont eux, les criminels. Les mauvais patriotes, c'est nous, — nous qui cherchons, à nos propres frais, le relèvement de la patrie vilipendée.

Nous revendiquons avec orgueil le titre de mauvais patriote, si le mauvais patriote est celui qui sert son pays, loyalement, avec désintéressement, plaçant la vérité au dessus de tous les intérêts, au-dessus de toutes les convenances individuelles.

Notre chemin est tout tracé, notre mission est tout naturellement indiquée : nous montrer bon portugais, en face de ceux qui ne le sont pas ; défendre notre pays contre ses ennemis naturels, ennemis qui ne violent pas la frontière mais qui exploitent le trésor public ; combattre les misérables traîtres qui transforment le drapeau national en tunique de Nessus.

****

Jusqu'à présent et faute de meilleurs arguments, les monarchistes n'avaient pensé qu'à faire appel à l'Angleterre et à l'Espagne, pour se garantir contre le gouvernement républicain. Comme si les interventions à main armée étaient encore possibles de nos jours !

Les Républicains sont les premiers à proclamer nécessaire une alliance solide avec l'Angleterre, fait qui s'impose notamment par suite des grands intérêts commerciaux et des relations séculaires de voisinage colonial qui existent entre les deux pays. Les alliances sont aux peuples ce que les associations sont aux individus, un élément de force et de puissance. Les alliances dynastiques ont pu avoir leur raison d'être, il y a quatre ou cinq cents ans ; mais aujourd'hui, on ne les admet plus, on ne les tolère plus. Les seules alliances durables sont celles des peuples. C'est une erreur de croire qu'il y ait de la mauvaise volonté de la part du peuple portugais contre l'Angleterre. Ce qu'il y a toujours eu, c'est de la mauvaise volonté à l'égard de la dynastie de Bragance.

Cette dynastie, en effet, a été pour nous bien fatale. Elle nous a valu la perte du Brésil, celle de Tanger, celle de Bombay et de bien d'autres encore. Et ce sont là des souvenirs qu'il est impossible à une nation d'oublier.

Vous savez tous ce que fut le roi Carlos. Comme le roi Louis XVI, de tragique mémoire, il a payé ses crimes au prix de son propre sang. Exécuté par des patriotes que son despotisme et ses abus avaient révoltés, il est, un exemple frappant qu'on ne pressure pas, qu'on ne tyrannise pas impunément les peuples qui, un jour, peuvent se révéler de grands et terribles justiciers. Son fils, le jeune roi Manuel, que la tragédie du Terreiro do Paço mit inopinément sur le trône, est un pauvre monarque que sa jeunesse et les mauvais conseils poussent aux actes les plus inconscients et les plus funestes. Dominé par les Jésuites qui gouvernent en fait, dont on constate l'action, que l'on sent partout sans les voir; dominé par sa mère, la reine Amélie, dont le cléricalisme à outrance est aussi connu que blâmé, il ne tardera pas à entrer en conflit ouvert avec la nation. Le roi lui-même, si l'on peut dire, fait compter les heures à la Monarchie.

En Angleterre, heureusement, on rend justice au peuple portugais. L'*Entente Cordiale* serait-elle due, par hasard, à l'intérêt de quelque famille régnante? Non! L'*Entente Cordiale*, qui a rapproché la France et l'Angleterre, est une manifestation de la souveraineté populaire. Il en sera de même de l'alliance anglo-portugaise, sous le gouvernement républicain, car les deux peuples sont solidaires et rien ne saurait empêcher leur rapprochement. L'expédient auquel recourent périodiquement les courtisans portugais est donc stupide et sans valeur.

L'autre planche de salut des naufragés du régime actuel, c'est le *péril espagnol*. Ici encore, leur malheur est complet. Personne ne pourra les sauver du désastre final. Le jour où la République sera proclamée en Portugal, la répercussion sera immédiate en Espagne et il n'y aura pas de gouvernement assez fort pour contenir l'explosion des esprits. La République portugaise, qui semblerait ne devoir être qu'un fait local, deviendra, de la sorte, un fait mondial.

L'intervention étrangère étant mise de côté comme absurde, l'alliance avec l'Angleterre et avec le Brésil étant certaine, la reconnaissance officielle de notre République par les grandes puissances étant absolument garantie, rien désormais ne pourrait nous arrêter dans notre marche. Nous répondrions ainsi à l'attente de l'étranger et nous nous montrerions dignes de sa confiance. Les engagements financiers et diplomatiques, pris au nom du pays, seraient respectés. C'est la meilleure garantie que nous puissions donner de notre ferme propos de proclamer une république d'ordre, de liberté de justice, administrée avec scrupule et donnant satisfaction à tous les intérêts nationaux et internationaux.

Il m'est particulièrement agréable, plus que dans toute autre ville, de prononcer ces paroles à Paris, ce grand centre de lumière et de liberté, où palpite et vibre le cœur de tous les exploités, de toutes les victimes de l'oppression politique, religieuse ou économique. C'est en France que les peuples latins viennent puiser leur véritable inspiration. C'est dans son héroïsme que nous, républicains portugais, viendrons chercher et trouverons notre drapeau émancipateur. C'est par l'exemple de la France que nous arriverons au triomphe définitif.

IV

Le Portugal de l'avenir.

L'action républicaine a signalé le réveil de l'esprit national. — Ce que le Chef d'Etat devrait faire. — Impuissance des partis et des gouvernements monarchiques. — La prochaine Révolution.

C'est au parti républicain qu'on doit le réveil de l'esprit national. Le Portugal lui est déjà redevable de beaucoup de choses. S'il a cherché à répandre l'éducation en créant de nombreuses écoles, c'est à lui encore que l'on doit le maintien des colonies, derniers vestiges d'un grand empire colonial et maritime disparu.

Pour créer une patrie nouvelle, il faut former des hommes nouveaux. Il faut que le nouveau régime sorte d'un mouvement spontané de fraternité, de raison et de droit. L'opinion est, d'ailleurs, presque unanime à condamner l'ancien régime, et de cette unanimité de pensée sortira logiquement une unanimité d'action.

Les Républicains ont pour eux la partie saine du pays,

l'élément intellectuel, les masses populaires, tout ce qui personnifie, en un mot, le travail et la production.

Leurs orateurs sont les plus écoutés, leurs journaux sont les plus répandus, leurs hommes politiques sont les plus intègres et les plus aimés. On peut même dire qu'ils forment le seul et véritable parti national. Quant à leur œuvre, elle est déjà considérable ; elle a surtout contribué à l'émancipation des consciences et à l'assainissement moral.

S'ils ne forment qu'une minorité dans le conseil municipal de Porto, minorité qui cependant a toute prépondérance et toute autorité dans les questions administratives, ils sont, en revanche, maîtres de la première municipalité du pays, celle de Lisbonne, où ils occupent tous les sièges ; ils ont également une majorité très imposante dans nombre d'autres communes de la province, parfois même la totalité de la représentation. Leur administration, à Lisbonne notamment, a prouvé, à maintes reprises, par sa régularité et son bon ordre, combien ils étaient on ne peut mieux préparés, à gouverner sagement le pays et à l'orienter dans la voie de tous les progrès.

Leur parti est, si l'on peut dire, le seul organisé en Portugal. Il est régi par un Directoire composé de cinq membres. Subordonnées à cette direction centrale se trouvent encore des commissions établies par district, par commune et par paroisse. Toutes les classes peuvent y avoir accès, dans une proportion égale, ce qui en fait, comme l'on voit, une organisation modèle et essentiellement démocratique. Mais en fait, c'est le peuple dont le dévouement est sans égal à la cause qui constitue la grande force du parti. Celui-ci, il faut le reconnaître, a contribué puissamment et, plus que les gouvernements eux-mêmes, à généraliser l'instruction et l'éducation en créant des écoles dans chaque centre politique, dont le nombre est répandu par tout le pays. En un mot, au milieu de la débacle générale, le parti républicain est le seul espoir qui reste au pays.

Ce ne sont pas, certainement, les républicains qui ont grossi la dette flottante ; ce ne sont pas les républicains qui ont occasionné le krack du Crédit Foncier Portugais ; ce ne sont pas les républicains qui ont avancé des millions à la famille royale et qui ont gaspillé, en bamboches de tout genre, l'argent des malheureux contribuables ; ce ne sont pas les républicains qui ont inventé le monopole Hinton avec sa clientèle ; ce ne sont pas les républicains que l'on peut rendre responsables du manque d'instruction qui a mis le Portugal à un niveau inférieur ; ce ne sont pas les républicains qui ont signé avec le Transvaal la convention qui ruine la Province de Mozambique ; ce ne sont pas les républicains qui falsifiént la représentation nationale pour empêcher que la vérité ne soit dite et connue au Parlement, à la grande honte des dilapidateurs du Trésor public.

La Monarchie tombe d'elle-même.

On me demande souvent à l'étranger si je suis convaincu de la possibilité à bréve échéance de la proclamation de la République en Portugal.

Je réponds invariablement :

« Il y a une chose supérieure à la volonté des hommes, c'est la fatalité des circonstancos et la logique des évènements. La République sera proclamée en dépit de tout ; toutefois, si elle ne l'était pas par les républicains,il y aurait lieu de craindre qu'elle ne fût accaparée par les monarchistes eux-mêmes, ce qui offrirait le plus grave danger. Et c'est là une chose qu'il est nécessaire d'évitor à tout prix.

Telle est la conviction qui s'est emparée de mon esprit, après quarante années de propagande républicaine, active, tenace, inébranlable.

Dans de telles circonstances,un chef d'Etat, intelligent et désintéressé, pourrait, s'il le voulait, remédier à tout, d'un simple geste.

« Je reconnais, dirait-il, que je ne puis rien faire pour le bien de la Nation.J'en suis empêché par les partis qui placent leur intérêt au-dessus des intérêts du pays. Comme la monarchie est fatalement liée à ces groupements politiques, elle doit succomber avec eux. Je comprends que vous n'êtes pas satisfaits et que vous n'avez pas lieu de l'être ; je me décide à vous laisser toute liberté de vous gouverner comme vous l'entendrez. Je ne veux pas être un obstacle au bonheur de la Nation et, par conséquent, je me retire.

Une telle décision aurait les applaudissements de toute la nation portugaise. Ce qu'il n'a pu obtenir comme roi, D. Manuel l'obtiendrait peut-être après cette résolution héroïque. Combien de femmes admireraient, approuveraient son acte ! Combien d'entre elles désireraient être l'épouse d'un homme qui aurait renoncé à la plus haute situation, pour satisfaire les nobles impulsions de sa conscience !

Sa Majesté Très Fidèle éviterait ainsi la continuation d'un état de choses qui est à la fois déprimant, immoral et répugnant. Elle donnerait au monde entier un exemple de moralité et d'abnégation. Elle éviterait peut-être pour l'avenir de tristes et douloureux événements, en assurant le bonheur de quelques milliers de personnes.

Ce geste humanitaire vaudrait le plus beau des règnes...

Malheureusement la chose ne se réalisera pas : les camarillas sont là qui s'y opposent.

* *
*

Quoi qu'il en soit, l'impuissance du régime actuel a été démontrée tant de fois et de façon si évidente ; la nation est tellement fatiguée et dégoutée ; le pays est devenu tellement ingouvernable avec le régime monarchique, qu'une solution prompte, rapide et immédiate s'impose. C'est, d'ailleurs, ce que tout le monde désire et réclame impérieusement. Il ne suffit pas, en effet, d'être assuré de la sympathie et de la coopération morale de l'étranger ; il faut encore savoir y correspondre par des actes et par des solutions dignes des temps où nous vivons !

Si la République n'est pas en Portugal un *fait automatique*, comme le disait récemment un de nos plus distingués confrères de la Presse française, elle sera un fait révolutionnaire. Le parti Républicain finira toujours par vaincre, parce que l'opinion publique n'a jamais manqué de triompher, malgré tous les obstacles et, aussi, malgré les concessions faites à la liberté.

Il est désormais inutile de cacher que la Révolution avance à grands pas. Pour rappeler un mot célèbre, elle « gronde déjà aux portes de la ville. »

Cette révolution portera ses fruits, car la proclamation de la République au Portugal ne sera pas un fait isolé, comme nous l'avons déjà dit ; elle aura une répercussion mondiale ; elle aurait tout d'abord un contre coup immédiat en Espagne. Le Brésil, d'autre part, parlant la même langue que le Portugal, ce serait une alliance certaine. Les républiques de l'Amérique du Sud et de l'Amérique Centrale parlant la même langue que l'Espagne, ce serait une autre alliance. Une fédération de la péninsule ibérique serait un pas décisif vers la fédération latine : ce serait, et personne ne saurait le nier, la transformation de la politique en Europe. Et qui sait même si cette fédération latine ne serait pas un pas vers cet idéal encore lointain — la fédération humaine ?

*
* *

Le gouvernement, dans le but de mystifier l'opinion vient de publier une loi d'amnistie en faveur de tous ceux qui ont été condamnés pour délits de presse. Mais il faut remarquer que, dans sa magnanimité, il a oublié, ce qui eût été plus généreux, de grâcier les condamnés politiques. Ces demi-concessions ne sauraient donc satisfaire le public qui s'attendait à une mesure de clémence générale et non à des grâces partielles et restreintes. Dans le même esprit, et pour donner aux partis avancés l'apparence d'une autre satisfaction, le gouvernement vient d'ordonner la fermeture d'un couvent de jésuites, lequel existait encore en violation de la loi qui a supprimé toutes les congrégations religieuses en Portugal. Toutefois, les moines ayant été prévenus et ayant devancé la mesure, eurent le temps de se disperser et de fuir avant qu'on pût les arrêter. Ce ne fut donc qu'un demi-résultat. Les Moines, d'ailleurs, revinrent à l'offensive.

Toutes ces concessions de pure forme et de simple apparence sont venues trop tard et ne changent en rien la situation. Elles n'arriveront pas à empêcher les discussions qui vont avoir lieu à la rentrée des Chambres, au sujet des scandales dont nous avons déjà parlé, discussions qui ne manqueront pas de déchaîner, elles-mêmes, de véritables orages parlementaires.

Quant aux républicains, nous sommes convaincu qu'ils ne tomberont pas dans tous ces pièges grossiers qui leur ont été tendus par le gouvernement et que, tôt ou tard, ils démasqueront ses procédés imposteurs.

Le roi, lui, prisonnier des éléments cléricaux, hostile à toute concession libérale, n'a, qu'à regret, cédé à la dernière initiative du gouvernement. Il faut même s'attendre à ce qu'un jour il cherche à réparer ce qu'il croit, sans doute, être une faute. Mais, quoi qu'il fasse, tout sera inutile. Avec ou sans concessions libérales, le régime usé, fini, ne peut plus être sauvé. Le triomphe définitif du parti républicain, qui n'est plus qu'une question de temps, apparait, en effet, chaque jour, davantage.

Messieurs je termine. Vous savez maintenant ce qu'est le Portugal. Ce que je viens de vous dire vous aura, sans doute, suffisamment éclairés. Vous savez qu'il existe à l'extrémité occidentale de l'Europe un peuple qui a le droit de vivre, qui est jaloux de sa liberté et de son indépendance, qui veut briser les liens qui l'enserrent et l'étouffent, qui, en un mot, comme tant d'autres, a le droit de diriger ses destinées, de se gouverner comme il l'entend. Ne confondez jamais la nation portugaise avec ses représentants ; ne vous laissez plus mystifier par les notes tendancieuses et officielles qui émanent des bureaux ministériels.

Vous tous enfin, qui m'avez soutenu dans mes espoirs comme dans mes revendications ; qui, par la plume ou par la parole, avez défendu la sainte cause du droit et de la justice, qui avez combattu à mes côtés dans cette grande bataille pour l'indépendance et la liberté ; à vous tous, Merci !

Encore une fois et toujours : Qui dit République, dit Portugal libre, honoré, rendu à sa dignité nationale !

Note officielle du Parti Républicain Portugais

La presse conservatrice et la presse cléricale, — ce qui n'est qu'une seule et même chose, — continuent la tâche ingrate de déprécier ce qu'elles nomment la « diplomatie républicaine. » Cette presse obéit ainsi à l'instinct de conservation. Depuis longtemps, le mensonge était le principe normal de nos gouvernants. Ils mentaient aux nationaux et mentaient aux étrangers, falsifiaient le budget, escamotaient les documents indispensables pour élucider les questions. Ils vivaient ainsi et s'engraissaient, grâce à l'ignorance des uns, à la faiblesse des autres, à la lâcheté de presque tous. La campagne des Républicains aura eu l'avantage d'ouvrir les yeux au peuple. Cette œuvre eût été incomplète, si l'on n'eût pas étendu à l'étranger la propagande de la vérité que l'on avait entreprise à l'intérieur. Telle a été la pensée à laquelle a obéi la Mission républicaine dont les résultats ont dépassé toutes les prévisions.

La politique extérieure est tout aussi importante que la politique intérieure. De même que les individus, les peuples ne peuvent s'isoler, sous peine de suicide. Auprès et au-dessus des civilisations nationales, il y a une civilisation mondiale, basée sur ce qu'ont de commun les civilisations nationales et réalisant ainsi l'esprit de la *polycivilisation*. Il appartient à notre temps de créer la conscience de l'Humanité, comme nos ancêtres ont créé successivement la conscience de la famille, la conscience de la cité et la conscience de la nation. Conformément au principe proclamé dans un récent congrès, il incombe à notre siècle de réaliser la synthèse des diverses nationalités et d'unifier le genre humain ; il faut, par conséquent, unifier les conceptions fondamentales, solidariser les sentiments, internationaliser les efforts, tracer le programme de l'action commune.

**

A titre documentaire nous publions ci-dessous la note qui a été distribuée à l'étranger par le parti républicain, à l'occasion de sa mission officielle. Nous profitons de la circonstance pour rendre un chaleureux hommage à deux républicains éminents : M. le D' Alves da Veiga et M. José Relvas. Le premier a été le chef civil de la révolution de Porto en 1891 ; son nom qui appartient à l'Histoire est l'objet d'une considération générale. Le deuxième, membre actuel du Directoire Républicain, est un esprit pondéré et réformateur ; sa présence dans le futur gouvernement républicain sera une garantie d'ordre et de justice.

« La situation du Portugal, au point de vue politique, fait exception parmi les nations européennes, car tandis que, chez celles-ci, le problème de la forme de gouvernement est pour ainsi dire en repos, chez les Portugais, il est à l'ordre du jour, et il le sera davantage en face des derniers et assez graves événements qui se déroulent dans ce beau pays.

« Au Portugal, il existe vraiment une crise monarchique. Le divorce entre la Nation et le Régime ne peut manquer de produire ses conséquences logiques. Personne n'osera contester que la monarchie est franchement en faillite.

« Et cependant, le pays travaille ; il veut avancer ; il attend avec impatience l'avènement d'institutions qui soient inspirées par des idées et des sentiments patriotiques ; il en a toutes les conditions, pour se faire une nouvelle existence, ainsi qu'un bel avenir.

« L'agriculture, sa principale force économique, est, malgré tout, en progrès : l'industrie prend un essor assez considérable, constaté par l'initiative d'entreprises nouvelles et par l'augmentation progressive de l'importation des matières premières ; son commerce crée tous les jours de nouveaux marchés ; il en résultera les plus sérieux développements avec des nouveaux traités de commerce. On connaît ses merveilleuses colonies en Afrique dont, seul, l'entrepôt de Lourenço Marquès (Delagoa-Bay), par sa position en rapport aux Etats du sud, assure aux intérêts commerciaux, agricoles et industriels du Portugal un marché exceptionnel.

« La province d'Angola, à la suite d'une administration politique, intelligente, vraiment patriotique, deviendra une source de richesse, un élément de prospérité nationale.

« Les relations du pays avec le Brésil sont assez notoires. On y trouve une colonisation immense, faite par les Portugais. La tradition historique, l'identité de la langue, la communion d'intérêts qui se rattachent aux liens qui unissent les deux peuples, sont autant de motifs d'une entente très sincère et très cordiale. Cette entente n'atteindra pas sa véritable valeur tant que la situation n'aura pas changé.

Tous les efforts du travail, cependant, loin d'être poussés par l'action de l'État, rencontrent partout et toujours des embarras, car l'État en Portugal est continuellement soumis aux besoins de la défense des institutions monarchiques.

« Les causes de la crise monarchique peuvent être ainsi dénoncées :

« L'impopularité de la dynastie, décadente et discréditée, l'histoire l'a faite responsable des grands malheurs du pays ; son indifférence en face de grands intérêts nationaux, très souvent soumis à la seule pensée de la défense du trône ; la menace contre les garanties constitutionnelles qu'on craint toujours en danger ; un roi ignorant et inexpérimenté, subissant l'influence d'un entourage réactionnaire et clérical ; la mauvaise gestion des affaires révélée, sans réfutation possible, par les avances du trésor public à la famille royale, ainsi qu'aux clientèles politiques, par l'accroissement des dettes et des impôts, très inégalement distribués au profit des grosses influences électorales, par la charge écrasante des droits d'octroi ; l'anéantissement des libertés municipales, sur lesquelles a reposé l'existence même de la nation, dès le commencement du royaume ; la criminelle négligence de l'éducation populaire, au mépris de la loi de l'enseignement obligatoire, pour empêcher les résistances d'un peuple instruit ; le maintien des lois d'exception, de l'instruction criminelle menée avec des procédés inquisitoriaux et de presque toutes les lois de la dictature de Franco, ainsi qu'une loi électorale, faite pour fausser la représentation nationale, selon l'avis de tous les partis eux-mêmes ; les lois sur la presse et les règlements au sujet des droits de réunion et d'association, qui faussent toutes les garanties libérales.

« A toutes ces causes, ajoutons la division irrémédiable des partis.

« La monarchie s'affaiblit encore par des scandales, comme ceux de l'affaire Hinton, avec des révélations sensationnelles, engageant un officier de la maison royale, et par le krach du Crédit Foncier, où l'on a gaspillé la presque totalité du capital des actionnaires.

« Il est à remarquer que le Crédit Foncier était dirigé par le chef du parti progressiste, celui qui a eu la haute main dans tous les cabinets après la mort du roi Carlos. Dans les comités de direction et de surveillance de ladite société, il y a des politiciens qui font partie des partis rotatifs. Ce sont les signes du temps dans cette malheureuse nation.

« Le Portugal est un pays avec des conditions naturelles et de travail si favorables, avec un peuple si facile à conduire, qu'à l'insu des mauvaises administrations, il fait des progrès et ses habitants gardent toutes les énergies traditionnelles. C'est la monarchie qui manque de l'esprit moderne, de l'esprit de réforme. Elle est devenue par son traditionalisme, qui la sépare des aspirations populaires, incapable de pourvoir aux besoins de la nation.

« On l'a démontré, d'une façon incontestable, au congrès national, réuni tout récemment à Lisbonne.

« L'incapacité politique du Roi a été prononcée par un pair du royaume, à la Haute Chambre, sans aucune protestation ; des articles signés par un ancien diplomate portugais ne laissent aucun doute sur l'impuissance réformatrice des institutions.

« La République! Voilà la seule solution du problème politique portugais! Elle se fera le devoir de diriger le pays, de façon à donner aux nationaux toutes les garanties d'un gouvernement d'ordre et de justice.

« En ce qui concerne les relations étrangères, elle ne peut que respecter tous les engagements financiers et diplomatiques, pris par la nation.

« Un député et journaliste très hautement placé vient de le déclarer nettement, en se rendant l'interprète de tous les sentiments du parti républicain.

« La République deviendra ainsi un gouvernement d'ordre, à l'intérieur et à l'extérieur. Elle n'aura qu'un but : celui de préparer au Portugal un avenir tranquille et heureux. Aimée par le pays, la République portugaise sera respectée par toutes les puissances étrangères. »

Imp. E. Müller, 29, Faubourg Montmartre. — PARIS

Du même Auteur

ÉDITIONS FRANÇAISES

La Fédération Ibérique

L'Œuvre Internationale

Paraîtra prochainement :

Le Portugal Libre Penseur